BEI GRIN MACHT SICH IHR WISSEN BEZAHLT

AF125581

- Wir veröffentlichen Ihre Hausarbeit,
  Bachelor- und Masterarbeit

- Ihr eigenes eBook und Buch -
  weltweit in allen wichtigen Shops

- Verdienen Sie an jedem Verkauf

Jetzt bei www.GRIN.com hochladen und kostenlos publizieren

Bibliografische Information der Deutschen Nationalbibliothek:

Die Deutsche Bibliothek verzeichnet diese Publikation in der Deutschen National-bibliografie; detaillierte bibliografische Daten sind im Internet über http://dnb.d-nb.de/ abrufbar.

Impressum:

Copyright © 2019 GRIN Verlag
Druck und Bindung: Books on Demand GmbH, Norderstedt Germany
ISBN: 9783346039705

Dieses Buch bei GRIN:

https://www.grin.com/document/502414

Robert Klötzer

Die Sozialtopologie der Städte Deutschlands und ihre verborgenen morphologischen Polaritäten

Der Einfluss städtebaulicher Besonderheiten auf soziale Ungleichheiten. Sorgt räumliche Trennung für eine Spaltung der Gesellschaft?

GRIN Verlag

Die Spaltung der Gesellschaft, wie von Soziologen beschrieben, lässt sich besonders eindeutig an den Städten ablesen. Besonders auffällig an den aktuellen Debatten ist, dass das Thema an sozialen, wirtschaftlichen und kulturellen Gesichtspunkten analysiert wird. Städtebauliche und lokale Besonderheiten und deren Einflüsse bleiben meist im Verborgenen und werden nicht thematisiert.

Der soziale Stand, zwischen der unteren Einkommensschicht, gegenüber der höheren, werden in der Stadt an der Wohnlage und den Wohnverhältnissen besonders deutlich. In vielen deutschen Städten ist ein gleitender Übergang von Gebieten mit Sozialen Wohnraum zu gehobenen Stadtquartieren nicht erkennbar und meist trennscharf. Ganze Städte werden aufgeteilt und strukturiert, beispielsweise durch Autobahnen, Bundesstraßen, Flüsse, alte Gebäudefundamente, Bodenbeschaffenheiten und dergleichen. Es stellt sich die Frage, ob vorgegebene Stadtstrukturen für eine Trennung und Aufteilung der Gesellschaft sorgen und wie diese, wenn sie vorhanden sind, identifiziert, aufgelöst oder neutralisiert werden können. Auch ist die Frage zu klären, ab wann von einer Polarität gesprochen werden kann und in welcher Form sie sichtbar oder unsichtbar auftritt. Welche sozialtopologischen Folgen verborgene morphologische Polaritäten haben, wenn sie nicht stadtplanerisch behoben werden oder überhaupt identifiziert werden, sollen drei Fallbeispiele verdeutlichen.

In diesem Essay wird die Sozialtopologie der Städte Berlin, Essen und München mit ihren unterschiedlichen verborgenen morphologischen Polaritäten untersucht. Die Unsichtbaren und sichtbaren Grenzen werden dargestellt, die in gleicher oder in ähnlicher Form auch in anderen Städten vorkommen. Dabei findet eine theoretische Verortung statt mit der systematischen Herstellung von Untersuchungsparametern. Am Anfang dieser Arbeit möchte ich erwähnen, dass der Fokus auf Kontraste und extreme soziale Unterschiede gelegt wird. Dies bedeutet, es werden Orte herangezogen, die wenige Meter auseinanderliegen, räumlich sichtbar oder unsichtbar voneinander getrennt sind und enorme soziale Unterschiedlichkeiten aufweisen. Die genauen Einflussfaktoren und sozialen Ausprägungen zu analysieren und mit ähnlichen Städten und vorhandenen Bedingungen zu vergleichen, ist die Herausforderung dieses Essays.

Bevor allerdings Fallstudien und Erklärungsmodelle für sozialtopologische Gegebenheiten erläutert werden, komme ich zur Eingrenzung und Erklärung des Titels dieses Essays. Eine Definition soll den weiteren Verlauf und meine Sichtweise verdeutlichen. Des Weiteren erscheint es mir sinnvoll, ausgewählte theoretische Ansätze und Modelle von Henri Lefebvre mit dieser Arbeit zu verknüpfen. Da Lefebvres Theorien mit Abstand nicht die Theorien sind, die einen direkten Praxisbezug haben, beziehe ich Martina Löws Zusammenfassungen vieler Theorien, also eine Art Mixtur, mit ein. Als nächstes erfolgt dann der praktische Bezug zu dieser Arbeit und die Theorien und meine Zwischenergebnisse bilden letztendlich dann das Gesamtergebnis.

Zum Stand der Literatur und der Forschung lässt sich feststellen, dass die Sozialtopologie der Städte Deutschlands und ihre verborgenen morphologischen Polaritäten oft als Nebeneffekt abgehandelt werden. In der Forschung selber gibt es keine allumfassende Untersuchung, die sich schwerpunktmäßig mit Vergleichsaspekten, dieser ganz einheitlichen Frage nähert. Es werden meist nur Teilaspekte und spezifische Fragen untersucht. Insbesondere werden keine parallelen und ganz einheitliche Muster für meine Fragestellung gezogen. Bei jedem Werk wird eine spezifische Teilfrage für meine Untersuchung umfassend und detailliert beschrieben und untersucht. Insbesondere bei verwandtschaftlichen, populäreren Fragestellungen zeichnet sich ein überproportionaler Literaturbestand ab.

Im Hinblick auf die Analyse und Übersetzung des Titels dieses Essays ist es notwendig, sich auf Theorien und Begriffsdefinitionen zu stützen. Allerdings sei im Vorfeld erwähnt, dass es für jeden einzelnen Begriff sehr viele Interpretationen und Modellansätze gibt, deren Darstellung im Rahmen dieses Essays nicht möglich ist. Aufgrund dessen verwende ich die meiner Meinung nach passendsten und zielführendsten Aussagen und Erklärungen und wende sie auf meinen Titel an. Beginnen wir mit einer Definition von Sozialtopologie.

Dieser Begriff ist, wie auch die anderen, von der jeweiligen Fachrichtung geprägt und ausgelegt und daher von ihren Definitionen her, grundverschieden. Am passendsten erscheint mir jedoch, hier die Sichtweise eines Soziologen zu betrachten, da es sich in unserer Fragestellung um gesellschaftliche topografische Gegebenheiten handelt. Hierzu betrachte ich Bordieu, der „Ausgangspunkt für seine analytische Konstruktion des sozialen Raumes sind die Teilungsprinzipien gegenwärtiger Gesellschaften. Nach einer Art Sozialtopologie lässt sich die moderne Sozialwelt als mehrdimensionaler Raum begreifen, dessen einzelne Dimensionen spezifische Unterscheidungs- oder Verteilungsprinzipien und deren Eigenschaften bilden. Diese Eigenschaften bestehen vor allem aus den strategisch wichtigen Ressourcen oder, in Bourdieus Sprache, Sorten von Kapital oder Macht. Die relative Stellung der Akteure im sozialen Raum ergibt sich aus dem Umfang und der Zusammensetzung der Kapitalarten" (Müller 2014: 54). Dies bedeutet also, dass der soziale Raum immer mit Kapitalarten und Macht definiert wird und damit durch diese Eigenschaften abgetrennt wird. Es existiert somit eine Art gesellschaftliche Landschaftsordnung, die sich durch ihre Eigenschaften und ihre relative Stellung weiter verfestigt und ausdifferenziert.

Für die nächste Begriffsdefinition muss der Ausdruck (verborgene) Morphologie in den Blickpunkt gerückt werden. Hier ist es allerdings schwieriger, eine Art Übersetzung herzustellen, da eine einseitige fachspezifische Betrachtung nicht zum gewünschten Erfolg führt. Es ist daher sinnvoll, verschiedene Definitionen von mehreren Fachdisziplinen anzuwenden und zu vermischen. In der Stadtgeographie beispielsweise wird die Morphologie mit „äußere Erscheinung" übersetzt. Die

Landschaftsphysiognomie beschäftigt sich z.b. mit alten Stadtgrenzen, trockengelegten überbauten Flüssen oder noch immer erkennbaren Kriegsnarben innerhalb von Städten. Die verborgenen äußeren Erscheinungen sind für Stadtgeographen durchaus sichtbare Indikatoren, die Abtrennungen vornehmen. Für Geologen ist die Morphologie eine Form und/oder Gestalt kleinräumiger Erdoberflächen, die durch Bodenbeschaffenheiten bestimmbar sind. Dies bedeutet in der Praxis z.b. folgendes Szenario: In einer Großstadt voller Hochhäuser im innerstädtischen Bereich kann ein Hochhaus aufgrund der vorliegenden Geologie in einem eingegrenzten Gebiet nicht gebaut werden. Dadurch, dass in diesem Gebiet -anders als in dem Rest der Stadt- nun keine Hochhäuser stehen haben wir hier eine prägende Morphologie, die eine Bildstörung generiert. Durch die Platzierung von z.B. Reihenhäusern anstatt der Hochhäuser entsteht hier auch eine räumliche sichtbare und zugleich auch versteckte Definition der Stadt durch Bodeneigenschaften. In diesem Zusammenhang kann auch von einer geologischen Prägung gesprochen werden. Die Stadtmorphologie als weiterer Vertreter, befasst sich wiederum mit Siedlungs- und Stadtformen und physischen Formgebungsprozessen innerhalb der Siedlungskörper, also mit geschichtlichen Ereignissen und physischen Entwicklungen, die die städtischen Abtrennungen und Erscheinungen generiert haben und bis heute beeinflussen. Im Anschluss daran ist die Kulturmorphologie zu betrachten, also die Theorie der Ethnologie zur Ausbreitung von Kultur. Dies kann z.B. der Standort von Kirchen und Moscheen sein, die wiederum z.B. Stadtquartiere und Stadtviertel abgrenzen und kulturell definieren. Im Ganzen gesehen entsteht ein recht gutes Bild über den Begriff der verborgenen Morphologie. Dieser ist sehr weit gefasst und muss durch und mit verschiedenen Fachdisziplinen skizziert werden. Letztendlich lässt sich hier die Übersetzung der Stadtgeographen „verborgene äußere Erscheinung(en)" am besten mit dem Hintergrundwissen der anderen Disziplinen anwenden. Eine Mixtur aus verschiedenen Sichtfeldern ist hier unabdingbar, um das verborgene Erscheinungsbild aufzudecken.

Als letzter zu entschlüsselnder Begriff ist das Wort „Polaritäten" zu betrachten. Auch hier gibt es wieder verschiedene fachspezifische Definitionen und Auslegungsvarianten. Allerdings möchte ich hier auf eine detaillierte Beschreibung und Ausführung verzichten, da das Wort „Polarität" als Begriff in fast allen Bereichen, ungefähr die gleiche Bedeutung hat und nur minimale Unterschiede aufweist. Polaritäten sind essenziell, um in dieser Arbeit zu einem Ergebnis zu kommen, denn sie ermöglichen eine klare Abgrenzung und Definition des Untersuchungsgegenstandes. Pole sind immer klar definiert und dadurch, dass sie sich gegenseitig bedingen und zugleich entgegengesetzt sind, gibt es Zwischenstufen, die dabei helfen, Einordnungen vorzunehmen. Diese Einordnungen helfen dabei, einen Maßstab zu finden und, wie in unserem Fall, Vergleiche vornehmen zu können, d.h. Kontraste innerhalb einer Stadtlandschaft aufzuzeigen.

Unser Titel, der „Die Sozialtopologie der Städte Deutschlands und ihre verborgenen morphologischen Polaritäten" heißt, könnte also nun übersetzt und encodiert werden in „Die gesellschaftliche Landschaftsordnung der Städte Deutschlands und ihre verborgene äußere Erscheinung im Kontrast". Die Codierung des Titels ist durchaus notwendig, da es, wie bereits eingehend untersucht, verschiedenste begriffliche Hintergründe und Spannungsfelder gibt, die eine vielschichtige und offen gehaltene Interpretations- und Themenlandschaft beinhalten. Eine persönliche Auslegung und Definition des Titels musste daher vorgenommen werden, da mit dem gleichen Arbeitstitel gleich mehrere verschiedene Untersuchungen und Ergebnisse je nach Sichtweise und Interpretation entstehen können.

Nach meiner Begriffsfestlegung komme ich nun zu Theorien und Ansätzen, die dabei helfen werden, das Thema weiter zu konkretisieren und zu analysieren. Henri Lefebvre, der sich intensiv mit der Produktion des sozialen Raumes beschäftigt hat, soll helfen, das Entstehen der Sozialtopologie zu erklären. Dabei steht fest, dass „Die Produktion des Raumes immer wieder Schwierigkeiten bereitet, gerade weil sie unsystematisch ist, […] " (Wex 2000: 128). „So wechselt Lefebvre von der Anthropologie hin zu ökonomischen Überlegungen, politische Vorstellungen, geschichtliche Abhandlungen über die Veränderung des Raums, erkenntnistheoretische Fragen zu utopischen Vorstellungen." (Wex 2000: 129) Aufgrund der Vielschichtigkeit seiner Theorie möchte ich an dieser Stelle eine Zusammenfassung der Hauptthesen geben. Erst einmal geht Lefebvre davon aus, dass die Natur als Raum entleert ist, geschwächt und besiegt vom Menschen. Jede Gesellschaft hat ihren Raum und spezifiziert diesen anhand der vorliegenden Produktionsverhältnisse. Die Produktion und Reproduktion sind voneinander getrennt und unterschiedlich verortet. Der soziale Raum besitzt eine dreifache Verknüpfung mit dem Kapitalismus. Dies ist zum einem die biologische Reproduktion, die Reproduktion der Arbeitskraft und die sozialen Produktionsverhältnisse. Der Raum repräsentiert diese in Form von Symbolen und hält sie so in einem Zustand der Koexistenz und des Zusammenhalts. Diese Form von Symbolen wird leider nicht in diesem Zusammenhang definiert, man kann jedoch vermuten, dass es sich hierbei um Stadtbereiche handelt, die Wohn-, Arbeits- und Einkaufszonen darstellen könnten. Lefebvre geht ebenfalls davon aus, dass dabei die zentrale Dreiheit existiert. Dies bedeutet, dass der (städtische) Raum aus Überkreuzungen, insbesondere sichtbar an Orten und Plätzen, besteht. Die räumliche Praxis, die Raum definiert und ihn sich gleichzeitig aneignet und beherrscht, die Raumrepräsentationen, also Räume, die konzipiert wurden und gesellschaftlich dominieren, und zuletzt die Repräsentationsräume, die durch Symbole und Beschreibungen definiert werden. Diese Überkreuzungen treten in der Praxis auch durchaus unsichtbar auf. „Entsprechend hat auch die moderne Gesellschaft ihren Raum hervorgebracht, den homogen-zerbrochenen, abstrakten Raum.

Dieser Raum lässt sich durch seine Formantenkennzeichen: das Visuelle, das Geometrische, das Phallische bestimmen. In diesem abstrakten Raum sieht Lefebvre die konkrete Utopie eines neuen Raumes angelegt: des differentiellen Raumes, eines Raumes der Heterotopie, in dem sich die gesellschaftlichen Unterschiede manifestieren, erkennen und gegenseitig anerkennen.[…] Dieser differentielle Raum ist somit nichts anderes als der Raum der urbanen Gesellschaft " (Schmid 2010: 290). „[...] Stadt ist eine räumliche Konfiguration, die auf einer mittleren Ebene der gesellschaftlichen Wirklichkeit liegt und zwischen der Ebene der abstrakten, allgemeinen Prozesse und der konkret-sinnlichen Ebene des Alltags vermittelt. Sie ist das Ergebnis des dreifachen Produktionsprozesses [Zentrale Dreiheit] [...] " (Schmid 2010: 290). Demnach existiert eine gesellschaftliche Vorprägung, die sozialtopologische Manifestierungen und Trennungen begünstigt. Die Morphologie ist somit aus verschiedensten Blickwinkeln zu sehen.

Fest steht nun, dass die sichtbare Sozialtopologie stärker ins Visier genommen werden muss, denn sie überdeckt und definiert die verdeckte, nicht sichtbare Morphologie. Bezüglich der Polarität muss die räumliche Konfiguration betrachtet werden (auch als noch nicht abgeschlossener und wechselbarer Prozess), die das Polaritätenprofil bestimmt.

Im Hinblick auf die Aussage der Verknüpfung des Kapitalismus mit der Raumbildung stellen sich mir zwei Fragen. Wo fängt der Einfluss des Kapitalismus bei der Raumbildung an und wo hört er wieder auf? Es wäre wichtig, diese Frage zu klären, da sich so weitere Indikatoren finden ließen, die helfen würden, den Einfluss von Macht und Wohlstand zu erklären. Allerdings wird dies wohl kaum möglich sein, da der Einfluss nicht messbar wäre. Und selbst, wenn er messbar wäre, welche Maßstäbe würde man dort anwenden? Somit ist die Stärke des Einflusses des Kapitals und der damit einhergehenden Macht sichtbar und herleitbar, aber nicht messbar und somit numerisch vergleichbar.

Ich komme nun zu den Aussagen und Ansätzen von Martina Löw, die sich ebenfalls mit der Produktion von Räumen auseinandergesetzt hat. Der Grund für die doch sehr intensiven Anstrengungen zu Erklärungen der Entstehung und (Weiter-)Entwicklung von Räumen liegt darin begründet, dass es enorm wichtig ist, diese Prozesse zu verstehen. Sie bestimmen letztendlich die Gegenwart und die sozialtopologischen Polaritäten. Für Löw sind die zuvor angesprochenen Macht- und Herrschaftsverhältnisse niemals natürlich. Raum und Zeit sind nicht voneinander zu trennen, da ihrer Meinung nach Raum und Körper unabhängig voneinander existieren. Räume existieren daher für sich selbst. Dies bedeutet wiederum, dass sie keine eigene Realität besitzen und nur eine Funktion erfüllen, die sie vom Menschen bekommen. Dies wiederum würde die bereits angesprochene Theorie der geologischen Prägung widersprechen. „Der Raum kann nach Löw nie neutral sein, da in diesem gesellschaftliche Strukturen gespiegelt werden, zugleich wird Raum

6

durch Handlungen von Menschen (re)produziert" (Löw 2001: 158). Bei der Analyse der Konstitution von Raum sind vier Ebenen sozialer Ungleichheit zu unterscheiden: Erstens die Reichtums-Dimension, sie definiert die Verfügungsmöglichkeiten über soziale Güter, zweitens das eigentliche Wissen bzw. Zeugnisse einer Rang-Dimension (Verfügungsmöglichkeiten über soziale Positionen), drittens die Assoziations-Dimension, also die Bestimmung von Nicht-Zugehörigkeiten. Als letztes ist der immanente Moment von Raum zu nennen, dieser beinhaltet das Prinzip der Verteilung, also die Differenz von Eingeschlossen und Ausgeschlossen. Dies bedeutet nach Löw, dass Räume nicht von Machtpraktiken zu trennen sind, nicht unabhängig von Handlungen sein können und nicht unveränderbar sind. Eine besondere Brisanz und Aufmerksamkeit gebe ich Löws vier Ebenen der sozialen Ungleichheit. Mithilfe der Dimensionen könnte man Eigenschaften ausbilden, die dann den städtischen Raum definieren und so vergleichbar machen. Allerdings stellt sich auch hier das Problem der Messbarkeit ein, wie bereits bei Lefebvre erwähnt. Die Sozialtopologie lässt sich jedoch mit den Dimensionen in der Praxis recht gut bestimmen. Voraussetzung hierfür ist das systematische Vergleichen der jeweiligen Ausprägungen und überhaupt des Vorhandenseins der jeweiligen Dimension in der Praxis, denn nicht alle müssen gleichzeitig vorhanden sein. Denn wie Löw bereits beschrieben hat „Eine Soziologie der Städte fragt nach der Logik der Praxis. Genauso wie das nicht bedeutet, milieuspezifische Ausprägungen zu leugnen, sondern auch nach Vergesellschaftungsmustern quer zum Milieu zu fragen, heißt es nicht, gesellschaftliche Struktur in ihrer Potenz und die mit ihr etablierte soziale Ungleichheit und Raumverteilung zu leugnen." (Löw/Berking 2008: 50). Diese angesprochene Logik der Praxis verdeutlicht, dass die behandelten Theorien nun einmal Theorien sind und dass die Praxis meist noch differenzierter und vielfältiger ist. Nichtsdestotrotz war es notwendig, sich einmal die grundlegenden Parameter anzuschauen, und auf dieser Basis und mit dem Wissen der vorhandenen Ansätze und Theorien (eine kleine Auswahl hiervon) wende ich mich nun den Grundlagen zu, um meine Fragestellung beantworten zu können.

Um soziale Ungleichheit und damit verbundene sozialtopologische Kontraste aufzeigen zu können, werde ich mir die Segregation zu Hilfe nehmen. Auch hierbei hilft eine kurze Begriffsdefinition: „Der Begriff der Segregation bezeichnet die Konzentration von Bevölkerungsgruppen in gesellschaftlichen Feldern oder an städtischen Orten. Insbesondere mit dem Zusatz residentiell wird die Quartiersbildung von Menschen der gleichen sozialen Stellung, gleicher ethnischer Zugehörigkeit, gleicher Lebensform oder Altersgruppe bezeichnet" (Löw/Steets/Stoetzer 2007: 39). Freilich ist es nun so, dass die Merkmale der Segregation in der Praxis nicht immer gleich zu erkennen und komplett vorhanden sind. Es handelt sich bei den aufgeführten Kennzeichen eher um Richtlinien und Orientierungsmerkmale. Neben der Segregation müssen nun noch die unterschiedlichen Gliederungsformen in den Fokus gerückt werden. Nach den Stadtgeographen teilt sich die morphogenetische Stadtgliederung in „[...] sechs Untersuchungsaspekte auf. Diese wären: die Grundrissgestaltung, die Aufrissgestaltung, die historische Raumstruktur, die Sichtbeziehungen sowie die kulturhistorische, Stadtentwicklungsgeschichte und die bauepochalen Phänomene" (Heineberg 2017: 152). Hier zeigt sich ein weiteres Problem, denn diese genannten Untersuchungsaspekte sind nicht nur schwer zu definieren, sondern auch schwer zu analysieren. Insbesondere mit dem Hintergrundgedanken, dass eine Zusammenfassung der Untersuchungsaspekte erfolgen muss, um auf einen Nenner bzw. ein Ergebnis zu kommen. Dieses Ergebnis wäre dann allerdings nur die Morphologie, die Polaritäten sowie die Sozialtopologie wären dann noch nicht betrachtet. Raumabgrenzungen sind schwierig zu betrachten, da die Grenzen oft verschwimmen und verborgene Grenzen komplett geistig aufgedeckt werden müssen. Auch die Sozialtopologie, also die sozialgeographische Landschaftsordnung, scheint ein erhebliches Problempotenzial mitzubringen. „Bevölkerungsentwicklung, Siedlungsordnung, Verkehr, Wirtschaft und Politik bilden aufgrund ihrer Landschaftsprägenden Wirkung die Hauptthemen und Bevölkerungs-, Siedlungs-, Verkehrs-, Wirtschaftsgeographie und Politische Geographie die Hauptbereiche der Sozialgeographie. [...] Die Mitglieder einer Gesellschaft unterscheiden sich durch ihre Lebensweise, ihre Lebensform. Jede Lebensform ist als Ausdruck der Verwirklichung der genannten Funktionen bzw. des Reproduktionsverhaltens, des Wirtschaftens, der politischen Einstellung, der Siedlungsweise, des Wanderungsverhaltens sowie der Kulturbestandteile Religion, Brauchtum, Sitten usw. zu begreifen."(Werlen 2010: 34). Es müssten also großflächige empirische Befragungen und Studien durchgeführt werden, um nur einen einzelnen Bestandteil einer Stadt bzw. eines Stadtviertels zu bestimmen. Da eine Vollerhebung allerdings empirisch nicht möglich und auch finanziell gar nicht zu bewerkstelligen ist, bleibt es bei dieser Untersuchung bei Herleitungen und lokale Wahrnehmungen. Diese haben aber durchaus einen untersuchten bzw. analysierten Hintergrund.

Das mit Abstand wohl am besten dokumentierte und wissenschaftlich nachgewiesene sozialtopologische Konstrukt innerhalb einer Stadt in Deutschland mit inzwischen verborgenen morphologischen Polaritäten ist in der Bundeshauptstadt zu sehen – nämlich die Berliner Mauer, die Berlin über 28 Jahre lang künstlich getrennt hat und weiterhin in vielen Köpfen und Denkmustern existiert. Sie ist fast vollständig abgetragen und überbaut und trotzdem existieren bis heute Stadtbereiche, die auf den zweiten Blick immer noch getrennt voneinander sind. Im Hinblick auf die Stadt als politischer, gebauter, kultureller sowie wirtschaftlicher Raum erfüllt Berlin alle Kriterien [Verweis: Löw/Terizakis], die eine Sozialtopologie mit verborgenen morphologischen Polaritäten in jeglicher Dimension aufzeigt. Die Berliner Mauer stellt hierbei das polare Mittel dar.

8

Schon vor ihrer Erbauung ab dem Jahre 1945 zeichnete sich eine gesellschaftliche, wirtschaftliche, kulturelle und soziale Trennung ab, die durchaus unsichtbar und schleichend vonstattenging. Durch die bauliche Trennung mittels einer Mauer im Jahre 1961 wurde die Polarität verstärkt, legitimiert und charismatisch vollständig erweckt. Die hermetisch abgeriegelte innerdeutsche Grenze führte mit den Jahren zu einer enormen Trennschärfe, die sich sozialtopologisch massiv ausgewirkt hat. Hauptgrund waren vor allem die Wirtschaftlichen Unterschiede. So gab es in Ostdeutschland die Planwirtschaft und im Westen die Marktwirtschaft. In Berlin wurde der Unterschied dieser verschiedenen Wirtschaftsformen besonders deutlich. Während in Westberlin die Marktwirtschaft das Arbeiten und Leben bestimmte, wurde nur wenige Meter weiter in Ostberlin die Planwirtschaft zum Mittelpunkt des ökonomischen Handelns und des Lebens. Ein gutes Beispiel ist das unterschiedliche Lohnniveau zwischen Ost- und Westberlin und das damit verbundene Konsumverhalten. Dieses generierte beispielsweise durch den Kapitalismus im Westen ein Konkurrenz- und Vorteilsdenken. In Ostberlin generierte es ein Gleichheits- und Integrationsdenken. In Ost- und Westdeutschland legte sich die eigene gesellschaftliche Stellung auf Meinungsbilder um und bestimmte so indirekt auch das politische Denkmuster, das auf kulturelle und gesellschaftliche Veränderungen Einfluss nimmt. Dieses gesellschaftliche und städtebauliche Auseinanderdriften wurde durch die Mauer maßgeblich beschleunigt und die Unterschiedlichkeiten innerhalb der Stadt (und auch in ganz Deutschland) wurden durch den zeitlichen Verlauf kontinuierlich immer größer. Natürlich muss an dieser Stelle erwähnt werden, dass das politische Denkmuster von mehr Faktoren beeinflusst wird als nur von der gesellschaftlichen Stellung. Auch die gesellschaftliche Stellung wird von mehreren Faktoren und Einflüssen bestimmt. Dieses Beispiel ist daher nur eines von unzählig vielen, die immer in ihrer Gesamtheit zu betrachten sind. In ihrer Gesamtheit bilden sie die gesellschaftliche Landschaftsordnung, die bis heute noch nachwirkt und eine prägende Wirkung hat. Zwar ist seit dem Fall der Mauer von 1989 ein Zusammenwachsen der Stadt als Ganzes zu betrachten, jedoch sind die Kontraste in ihrer äußeren Erscheinung bis heute sichtbar. Die Mauer existiert bis heute auf physischer Ebene imaginär weiter. Sie hat ihren Abdruck in der Stadt hinterlassen und wird auch noch weiter sichtbar (Gedenktafeln, Teile der Mauer) und im weiteren Verlauf unsichtbar (Überbauung in der entstandenen Lücke) zu erkennen sein. Marzahn, Kreuzberg, Nordost, und Hellersdorf, alles Bezirke im damaligen Osten Berlins, gelten heute als Problemviertel, während im Westen z.B. mit Charlottenburg, Tiergarten und Schöneberg der Kontrast deutlich wird. Nun ist es zweifelsfrei so, dass alle diese genannten Stadtviertel ihre eigenen Morphologien aufweisen und auch Kontraste zwischen ihnen existieren. Diese sind allerdings kaum beachtenswert, da sie – im Gegensatz zum Ost-West-Gefälle – nur minimal ausgeprägt sind.

Die Übersetzung des Begriffs „Problemviertel" setze ich in diesem Kontext mit der Analyse der Segregation in Zusammenhang. Die soziale Ungleichheit und Ansammlung von gleichen Bevölkerungsschichten in Stadtbezirken mit problembehafteten Segmenten, die rudimentär oder fast bis gar nicht ausgebildet sind und dadurch ein erhebliches Problem für die ansässige Bevölkerung mit sich bringen, wie z.b. das wirtschaftliche und kulturelle Zusammenleben usw., ist dabei eine Herausforderung. Die von mir vorgenommene Zusammenfassung von Stadtbezirken in zwei sozialtopologische Konstrukte innerhalb Berlins kann und wird sich aller Voraussicht nach in den nächsten Jahren ändern und daher ungültig sein. Begründet liegt dies in der Ausdifferenzierung der Gesellschaft und damit einhergehend auch auf die Veränderung auf die Stadtlandschaften. Die Stadtnarbe der Mauer verschwindet zusehends und Grenzen verschwimmen. Dieser Effekt hat bereits begonnen, da es auch im jetzigen ehemaligen Westen gleiche Tendenzen und Ausprägungen von Problemvierteln gibt, die allerdings noch nicht so ausgeprägt und intensiv sind wie im Osten der Hauptstadt. Ich verzichte in dieser Erläuterung und im Rahmen dieser Arbeit ausdrücklich auf eine weitere Konkretisierung in Form einer Analyse und Untersuchung der einzelnen Viertel, die ich in zwei Zonen zusammengefasst habe. Erstens ist dies mit mangelndem Datenmaterial und dem benötigten Umfang solch einer möglichen Untersuchung zu begründen, zweitens bedarf es insbesondere für den Einzelfall Berlin einer anderen Begriffsauslegung und Definition, um sich diesem speziellen Thema noch besser nähern zu können.

Das nächste Fallbeispiel findet sich im Ruhrgebiet, dort befindet sich eine Autobahn, die eine Art Sozialäquator darstellt. Die A40 trennt den Norden und den Süden räumlich voneinander. Der Norden gilt als Brennpunkt, während der Süden Wohlstand und wirtschaftliche Kraft genießt, es handelt sich hier um eine Art Trennlinie in Form einer Autobahn. Die soziale, ethnische und demografische Segregation bilden hier zusammen eine Mischung. Als konkretes Fallbeispiel möchte ich hier die Stadt Essen anführen. Während z.B. der Stadtteil Altenessen der vollständigen Segregation mit den Folgen des Rückgangs von Kaufkraft und Arbeit unterliegt und damit zusammenhängend einen Zerfall der Infrastruktur erleidet, setzt sich die Spirale im Süden der Stadt abgetrennt durch die A40 in die andere Richtung fort. Die Polaritäten entwickeln sich immer weiter auseinander, ein Aufhalten oder gar eine Rückentwicklung des Trends ist nicht zu erkennen. Der vergleichbare Unterschied beginnt mit dem Indikator der Bildung. Aufgrund der günstigen Mieten und punktuellen kulturellen Ansammlung von Ethnien in ein und demselben Gebiet kommt es innerhalb des standortbasierten Bildungssystems zu einer hohen Zahl an Schülern mit Migrationshintergrund im Norden. Dies bedeutet, dass die Schulen im Norden einen viel höheren Anteil von Schülern mit Migrationshintergrund haben als die Schulen im Süden, was wiederum die Qualität der Bildung und damit einhergehend die Lernmöglichkeiten und somit das spätere

Berufsbild beeinflusst. Geringqualifizierte Arbeitskräfte prägen daher auch eher den Norden als den Süden, was wiederum eine geringere Kaufkraft und geringere Investitionskraft bedeutet. Die Infrastruktur leidet und verschwindet, dies begünstigt wiederum den gesamten Prozess, in dem die Mieten stabil bleiben oder sogar fallen und damit werden keine wichtigen Investitionen getätigt. Günstige Mieten ziehen die Unterschicht an, die von Mietexplosionen im Süden vertrieben wird. So entsteht ein Milieu, das sich immer weiter intensiviert und ausdehnt. Zur sozialen Unterschicht gehören ebenfalls Bezieher von staatlichen Transferleistungen, die meist ebenfalls einen Migrationshintergrund haben. Es entsteht eine Abwärtsspirale. Ein Entgegenwirken der Politik gegen diesen Trend verlangt fundamentale Reformen unter Einsatz von massiven finanziellen Mitteln, um z.B. Schulklassen zu verkleinern und spezielle Förderungen und Programme für Sozialempfänger zu ermöglichen. Da die Segregation immer in mehrfacher Weise mit einer Wechselwirkung vorhanden ist, bedarf es vieler Menschen, die miteinander sozial, kulturell und wirtschaftlich verbunden werden durch Projekte und der Bildung von verschränkten Lebensstrukturformen um die Segregation zu bekämpfen und nachhaltig zu verhindern. Durch baulichen Brücken, die gleichzeitig optisch, sowie wirtschaftlich, sozial und kulturell verbinden und auch trennen, müssten der Süden und der Norden Essens auch räumlich besser miteinander verbunden werden. Hier wäre die Auflockerung der Trennschärfe ein wesentlicher Punkt zur Verbesserung der Polarität. Dies ist politisch-ideologisch aber anscheinend nicht gewollt. Da die Wählerschaft eher aus der mittleren bzw. der Oberschicht kommt, wenden sich politische Akteure mit Programmen eher dem wohlhabenderen Süden zu. Die A40 ist also im Fall der Stadt Essen das Kontrastmittel, dessen äußere Erscheinung durchaus eine Doppeldeutigkeit des Verborgenen und des Sichtbaren darstellt. Im Hinblick auf die gesellschaftliche Landschaftsordnung, also die Sozialtopologie, kann festgestellt werden, dass ein Abbau dieser aufgrund der vielfältigen Segregation und der politischen Willensbildung nur schwer möglich ist. Ob solch ein soziales Gefälle in dieser Form auch ohne das Kontrastmittel der Autobahn möglich gewesen wäre, kann nicht belegt werden, da eine Stadt mit ihren Quartieren immer ein historisch gewachsenes menschliches Gebilde ist.

Ein gutes Beispiel, wie stark der Einfluss der Geschichte sein kann, findet sich in der Landeshauptstadt München. Der Fluss Isar trennt seit der Gründung die Stadt in Ost und West. Die ganze jetzige Wohnstruktur und Sozialtopologie ist auf historische Gegebenheiten zurückzuführen. So war beispielsweise der Bau des Palais Hohenstein im Westen Anziehungspunkt für Adlige und reiche Bürger. Diese Vorprägung hält bis heute an und das Klientel ist in seiner Grundform ebenfalls gleich geblieben. Im Osten der Stadt dagegen lebten schon im 17. Jahrhundert Tagelöhner und die Arbeiterklasse. Auch wenn die Stadtteile, z.B. Giesing und Haidhausen, heute ein besseres

Image und ein durchmischteres Klientel haben, sind die Tendenzen bis heute zu erkennen. Eine Trennung erfolgt hier durch das Kontrastmittel des Flusses Isar. Brücken, die darüber führen, sorgten schon im Mittelalter für eine optische Verbindung und zugleich auch eine unsichtbare gesellschaftliche Trennung.

So oder so ähnlich könnte man nun die Untersuchung weiter betreiben und in jeder Stadt die Sozialtopologie und ihre verborgenen morphologischen Polaritäten herausfinden. Die Herangehensweise mag sich individuell ändern, je nach Ortsbild und Geschichte und wissenschaftlicher disziplinärer Ansicht. Das Kontrastmittel, das die Polarität herstellt, ist immer ziemlich ähnlich. Jedoch muss noch erwähnt werden, dass die Städte nicht miteinander verglichen werden können anders als Eingangs angenommen. Es handelt sich in der Gesamtheit eher immer um Varianzen und im Detail abgewandelte Probleme die im Kernpunkt aber gleich sind.

Dieses Essay zeigt nicht nur die genannten städtischen Probleme auf, mit der fast jede Stadt behaftet ist, sondern es soll auch darauf aufmerksam machen, dass der ganze Prozess immer ungewollt gewachsen ist, aber dennoch akzeptiert und hingenommen wird. Ob dies nun bewusst oder unbewusst, also unsichtbar, passiert, hängt von der gesellschaftlichen Akzeptanz und den politischen Akteuren der Vergangenheit, der Gegenwart und der Zukunft ab. Grundsätzlich kann festgestellt werden, dass diese Thematik mehr politische und gesellschaftliche Aufmerksamkeit bekommen sollte und dass gegen diese Probleme, die die Sozialtopologie auslösen, also z.B. die Segregation, mehr getan werden muss. Aktuell wird zu wenig gegen den Trend der Bereichsbildung von Gesellschaftsschichten getan.

Die Frage, die sich nun stellt, ist die nach den realen Möglichkeiten und Chancen des Abbaus von Polaritäten und Sozialtopologien. Diese ist sehr schwierig zu beantworten, da in den meisten Fallbeispielen fest eingefahrene Strukturen vorhanden sind, die längst akzeptiert und legitimiert wurden von der Gesellschaft und Politik. Durch das dichte Nebeneinanderleben der getrennten Viertel mit wenigen Berührungspunkten verstärkt sich dieser Effekt. Der Aufbruch der Stadtstrukturen wäre zunächst sicher ein Punkt für die Agenda der lokalen Politik, wenn der Druck dementsprechend vorhanden wäre. Aber auch der sichtbare Abbau, Überbau oder die Verschleierung von Kontrastmitteln würde maßgeblich für ein gesünderes gesellschaftliches und städtebauliches Stadtbild sorgen. Das Sprichwort „Aus den Augen, aus dem Sinn" scheint gut auf die hier vorliegende Situation zu passen. Dass dies allerdings auch eine schwierige Angelegenheit ist, die sich über Generationen ziehen kann, zeigt uns das Beispiel der Berliner Mauer, deren Existenz noch immer im Bewusstsein der Gesellschaft verankert ist. Um also in Zukunft sozialtopologisch morphologisch gut aufgestellt zu sein, benötigt es in der Gegenwart fundamentale Entscheidungen und Neustrukturierungsprogramme. Der Trend der gesellschaftlichen Ausgrenzung und Abschottung kann und muss aufgehalten und rückgängig gemacht werden, um die Städte Deutschlands sozial, kulturell und wirtschaftlich zukunftsfähig zu machen. Alle Faktoren hängen miteinander zusammen, sind ineinander integriert und fest miteinander verschränkt.

Bibliographie

Belina, Bernd/ Michel, Boris (Hrsg.) (2007): Raumproduktionen. Beiträge der Radical Geography Eine Zwischenbilanz, Münster: Verlag Westfälisches Dampfboot.

Berking, Helmuth/ Löw, Martina (2008): Die Eigenlogik der Städte. Neue Wege für die Stadtforschung, Frankfurt am Main: Campus Verlag GmbH.

Heineberg, Heinz (2017): Stadtgeographie. Grundriss Allgemeine Geographie, Paderborn: Ferdinand Schöningh Verlag.

Löw, Martina (2001): Raumsoziologie, Frankfurt am Main: Suhrkamp Verlag.

Löw, Martina/ Steets, Silke/ Stoetzer, Sergej (2007): Einführung in die Stadt- und Raumsoziologie, Opladen: Verlag Barbara Budrich, Opladen & Bloomfield Hills.

Löw, Martina/ Terizakis, Georgios (2011): Städte und ihre Eigenlogik. Ein Handbuch für Stadtplanung und Stadtentwicklung, Frankfurt am Main: Campus Verlag GmbH.

Müller, Hans-Peter (2014): Pierre Bourdieu. Eine systematische Einführung, Berlin: Suhrkamp Verlag.

Schmid, Christian (2010): Stadt, Raum und Gesellschaft. Henri Lefebvre und die Theorie der Produktion des Raumes, Stuttgart: Franz Steiner Verlag.

Werlen, Benno (2010): Gesellschaftliche Räumlichkeit 1. Orte der Geographie, Stuttgart: Franz Steiner Verlag.

Wex, Corell (2000): Logistik der Macht. Henri Lefebvres Sozialtheorie und die Räumlichkeit des Staates, Marburg: Phillips-Universität Marburg.